Género Obra de teatro

I0901287

Pregunta esencial

¿Qué se puede descubrir cuando se mira algo una segunda vez?

Un día en el museo

Sonia Sánchez López • ilustrado por René Venegas

Acto 1

¡Vamos al museo!

Personajes

JULIANA

ALBERTO *(padre de Juliana)*

CRISTINA *(madre de Juliana)*

Escena 1

Escenario *Juliana está sentada en su cama y tiene una jirafa de peluche en sus manos.*

NARRADOR: Hace un mes, Juliana y sus padres se fueron a vivir a París. Es una preciosa mañana soleada de sábado y la niña no sabe qué van a hacer. Habían hablado de ir a conocer sitios famosos, de caminar en el parque o de organizar una comida familiar. Ella aún no lo sabe, pero descubrirá detalles fascinantes de una pintura de una damita de mirada perspicaz.

Juliana piensa en las clases de pintura y en lo que disfruta sus clases de francés. Recuerda lo chistoso que es pronunciar *chapeau* en francés y lo fácil que es en español: sombrero. Está sorprendida por su avance en las clases de francés.

CRISTINA: (*Desde la planta baja de la casa*) ¡Juliana, prepárate y baja a desayunar! ¡Vamos a salir! ¡Tu padre y yo te tenemos una gran sorpresa!

JULIANA: Ya voy, mamá, ¿puedo desayunar con Jirafa? Ella está tan hambrienta como yo. (*Dirigiéndose a Jirafa*) Podrías comerte a ese antipático elefante de trapo, ¡cómo se atreve a decirte que tu hermosa piel es ridícula!

NARRADOR: Juliana termina de vestirse, se mira en el espejo y baja a desayunar. Está muy intrigada por saber adónde irán hoy en familia, aunque sospecha que irán al parque a pasear en bicicleta.

Escena 2

Escenario *El comedor de una casa familiar, el sol brillando por la ventana. Cristina bebe una taza de café y Alberto lee el periódico. Juliana llega y se sienta junto a sus padres.*

JULIANA: *(Llega tarareando una canción)* Buenos días, papi. Buenos días, mami. Hoy la mañana está preciosa, ¿iremos a algún lugar especial? ¿Vamos a almorzar al aire libre? ¿Vamos al parque a caminar? ¿Puedo llevar mi bicicleta para dar un paseo? ¡Me encantan los días soleados!

CRISTINA: No, no, no… Hay un lugar que aún no hemos visitado… ¡el museo! Yo sé que te gustará. *(Dirigiéndose a Alberto)* No habíamos podido llevarte porque hemos estado ocupados con las complicaciones de la mudanza. Yo recuerdo la primera vez que fui al museo, tenía siete años, fui con mi abuela y ella me compró una preciosa reproducción de un famoso pintor. No me acuerdo del nombre *(su expresión es nostálgica)*.

JULIANA: *(Con cara de aburrimiento)* Ay, pero mamá, a mis amigos no les gusta el museo, dicen que es aburridísimo. Estoy segura de que si a mis amigos no les gusta, a mí tampoco me gustará. Mejor vayamos al parque que está cerca de la casa... Pensándolo mejor, quedémonos en casa y veamos televisión o películas o dibujos animados. Tú cocinas algo rico de almuerzo y ¡a descansar! O, podría invitar a mis amigos y… *(Habla precipitadamente)*.

ALBERTO: *(Interrumpiendo a Juliana)* Nada de eso, creo que no puedes tomar en cuenta solamente la opinión de tus amigos, si algo no te gusta debes comprobarlo por ti misma. Además, si mal no recuerdo, a ti te gusta mucho dibujar y pintar, así que no lo veas como si fuera una obligación.

JULIANA: *(Haciendo pucheros)* Pues, tendría que ver... estoy segura de que no me voy a divertir, prefiero hacer otra cosa o ir a otro lugar... Pero, por otro lado, entiendo que tengo que ir para saber si es emocionante o no. *(Con expresión seria)* Tal vez me guste alguna obra.

NARRADOR: Aunque Juliana quiere jugar en el parque, acepta la propuesta de sus padres porque es una niña curiosa y siempre espera que pasen cosas maravillosas en su vida cotidiana. Además, le encanta la pintura y sabe que podrá aprender algo de los pintores famosos.

(Juliana saca de su mochila su colección de dibujos y se la muestra a sus papás. Ellos sonríen, saben que sí disfrutará la visita al museo).

JULIANA: Mami, mira este dibujo de las personas que más quiero. Mira este otro, ¿ves que pinté a Jirafa? *(Orgullosa)* Mi maestra de artes me ha dicho que tengo mucho talento y que, si sigo practicando, seré una gran artista.

NARRADOR: En su habitación, Juliana tiene una colección de objetos para pintar: una caja de acuarelas, hojas sueltas de diferentes colores, tamaños y formas, una mesita de dibujo que sus papás le regalaron hace mucho tiempo y un delantal de colores que a ella le encanta usar, porque la hace sentir como si fuera una pintora famosa.

(Juliana se levanta de la mesa y se dirige al borde del escenario).

JULIANA: *(Hablando al público)* Ya verán que cuando sea grande haré una exposición e invitaré a mis papás y a mis mejores amigos. ¡Tengo una gran idea! Voy a empezar a pintar vistas de esta hermosa ciudad y estoy segura de que en un año habré pintado muchísimas más y habré llenado mi cuarto con imágenes de París.

Detective del lenguaje

El verbo subrayado está en futuro compuesto. Busca otro verbo en futuro compuesto en esta página.

Acto 2

Una obra de arte muy particular

Personajes

JULIANA

CRISTINA

ALBERTO

Escena 1

Escenario *Juliana, Cristina y Alberto están en el museo y observan las obras de arte.*

NARRADOR: Juliana observa e intenta interpretar algunas pinturas. No las entiende, se empieza a aburrir como una ostra y piensa que sus pinturas con animalitos y flores son mucho más bonitas. Se detiene frente a un grupo de obras agrupadas bajo el título "Cubismo".

JULIANA: Hum, nunca había escuchado esta palabra. Mamá, ¿qué es cubismo? ¿Por qué este señor se ve tan deforme y desproporcionado?

CRISTINA: (*Pensativa*) Pues… cubismo es… ¡Caramba, qué difícil explicarlo!… Las pinturas cubistas son dibujos que muestran distintas vistas de un objeto a la vez, creo yo.

JULIANA: (*Con cara de sorpresa*) ¡Oh, qué mal! Mira, mamá, es una jirafita sin manchas, ¿por qué su piel no es como la de Jirafa? ¡Lo hermoso de estos animales es su largo cuello adornado con lunares marrones!

CRISTINA: (*Risas*) Es una obra de un artista griego del siglo III a. C., seguramente así percibió al animal y lo plasmó en el lienzo.

(Se detienen en otro lugar).

JULIANA: (*Con cara de* curiosidad) ¿Y esta mujer con la sombrilla abierta? No había visto una mujer tan particular en mi vida. *(Risas)* Se parece a los dibujos que yo hacía cuando tenía tres años.

CRISTINA: Es de un artista muy importante que murió en el siglo XVIII, no creas que era un mal pintor. Fue muy reconocido después de su muerte. Sus obras se venden por mucho dinero.

(La familia sigue avanzando lentamente por el museo).

NARRADOR: Juliana se interesa cada vez más en el maravilloso mundo de la pintura. Disfruta las obras que ve, pone atención a las explicaciones, se imagina a los pintores... ya empieza a divertirse en el museo.

Detective del lenguaje	**El texto subrayado es un número romano. Busca otro número romano en esta página.**

CRISTINA: *(Inquisitiva)* ¿Te arrepientes de no haber ido al parque a jugar y a correr? Tendrás muchas oportunidades para realizar esas actividades, en cambio, visitar el museo exige más tiempo, no es fácil hacerlo con tanta frecuencia. Por eso teníamos que aprovechar el día de hoy.

JULIANA: *(Mirando de cerca un cuadro)* Tienes razón, aunque estos cuadros tienen cosas muy extrañas.

Escena 2

Escenario *Alberto, Cristina y Juliana pasan a la galería de esculturas.*

ALBERTO: Miren esas esculturas, son tan esbeltas que siento que en cualquier momento se van a soltar del pedestal y van a empezar a volar por los aires. ¿Te imaginas qué hermoso sería que pudieran flotar cerca de la Torre Eiffel? ¡Asombraría a todos los transeúntes!

NARRADOR: Juliana se imaginó que flotaba en el aire sobre un caballito de los que estaban expuestos y que desde arriba veía toda la ciudad con sus puentes y monumentos. La idea le parecía muy divertida.

(La familia sigue visitando el museo y de repente, una pintura pequeña llama la atención de Juliana. Es el retrato de una mujer de mirada misteriosa, como si guardara un íntimo secreto. A la niña le interesa).

JULIANA: La mayoría de las obras de este museo me han gustado, pero la mujer de ese retrato me causa mucha curiosidad. Siento que me mira y que oculta algo.

CRISTINA: Hijita, esa es la Damita del Enigma.

JULIANA: *(Acercándose al retrato)* ¿Qué me estás escondiendo, Damita del Enigma? Ajá, seguro hiciste alguna travesura en el museo.

(Juliana da unos pasos hacia la derecha, luego hacia la izquierda; observa el cuadro con una mirada indagadora y una mano en la quijada).

JULIANA: Mami, mami, ¿qué se te ocurre que hizo? ¿Por qué tiene esa mirada misteriosa y pícara?

(Esto le causa gracia a Juliana y la anima a jugar a la investigadora: mira de cerca a la Damita del Enigma, se aleja, vuelve).

JULIANA: *(Con cara de traviesa)* Querida Damita, ¿me quieres contar qué travesura hiciste? Si no me lo dices, investigaré hasta que lo descubra y yo siempre he sido una excelente detective.

NARRADOR: Juliana decide descubrir el misterio de la Damita del Enigma a través de un plan: intercambiarán secretos, Juliana le contará su secreto más íntimo y la Damita le contará el suyo, el que ella guarda con tanto recelo. Después, investigará y encontrará, por sus propios medios, lo que esconde esa mirada.

(Juliana siente mucha curiosidad, desea descubrir más de la fantástica obra que tiene frente a sus ojos).

JULIANA: ¡Qué retrato tan extraño! ¿Quién lo habrá pintado? Mami, ¿has notado que la señorita tiene unos ojos muy bonitos? Mis dibujos solo tienen dos bolitas como ojos, de ahora en adelante intentaré hacerlos más expresivos.

(Juliana está en la sala donde está colgado el cuadro de la Damita del Enigma y lee el letrero que está al lado: Leopoldo Mestizo).

Acto 3

El enigma de su mirada

Personajes

JULIANA

ALBERTO

CRISTINA

JACQUES (*guía del museo*)

LA DAMITA DEL ENIGMA

Escena 1

Escenario *Entra el guía, Juliana y sus padres están en la sala donde se exhiben las obras de Leopoldo Mestizo.*

JACQUES: Hola, bienvenidos al museo. Mi nombre es Jacques y soy uno de los guías. (*Mirando a Juliana*) ¿Te gusta ese retrato? ¿Ya lo habías visto antes?

JULIANA: (*Un poco tímida*) Pues… creo que lo había visto en un libro de mamá, pero no le presté mucha atención. Hum... ahora recuerdo que en la casa de mi abuelita hay una reproducción de este cuadro, ¡cómo es posible que no me hubiera fijado en esa mirada! (*Sonríe*) ¡Mami, esa fue la reproducción que te regaló tu abuela la primera vez que viniste acá! (*Dirigiéndose al guía*) Por favor, podría decirme, ¿por qué la Damita del Enigma tiene esa mirada tan misteriosa?

(Juliana se queda mirando atentamente al guía, esperando una explicación).

(La familia atiende la explicación del guía).

JACQUES: Como leíste en el letrero al lado de la obra, Leopoldo Mestizo pintó este retrato. Es uno de los pintores más importantes de todos los tiempos porque utilizó una técnica especial para este retrato, dándole un toque de misterio en la mirada. Los espectadores tienen la impresión de que la Damita del Enigma siempre tiene esa mirada indescifrable, pero en realidad, al analizar la obra, podemos observar que sus ojos no tienen expresión, es el resto de su rostro.

JULIANA: ¡Pero no es posible! Los ojos sí tienen un gesto de misterio, yo lo puedo ver, ¡qué interesante es la pintura!

JACQUES: Por la expresión de su rostro, la Damita del Enigma ha inspirado muchas manifestaciones artísticas. Cuando tú la miras por primera vez, parece una pintura sencilla. Sin embargo, si la observas con detenimiento, parece como si la mujer estuviera atrapada dentro del cuadro.

JULIANA: (*Hablando muy bajo*) Damita del Enigma, creo que has engañado a muchas personas. Yo puedo ver que escondes algo y voy a descubrir qué es, tengo aptitudes de investigadora. ¡No podrás escapar!

ALBERTO: (*Sonriendo*) Yo también creo que la Damita oculta un secreto, lo noto en su mirada.

JULIANA: (*Sigue hablando bajo. Se dirige a la Damita*) Ajá, creo que lo que te gusta es que la gente piense cosas sobre tu mirada: que si hiciste algo, que si no; que no hay ninguna expresión en tu mirada, que sí... (*Con astucia*) Creo que empiezo a descubrirte, señorita.

(Cristina le habla a Juliana, pero ella no le presta atención).

CRISTINA: Hijita, parece que estás en la luna... te estaba diciendo que si estudias mucho podrás conseguir lo que desees, hasta ser una pintora tan famosa como el señor Mestizo. Por eso se dice que "el que persevera alcanza", pues la voluntad de hacer las cosas es el tesoro más valioso que los seres humanos podemos tener. Gracias a ella nada ni nadie puede derrumbar nuestros sueños.

JACQUES: Tiene razón señora, y es muy importante que tengas eso en cuenta Juliana, (*sonríe*) pero ahora volvamos a nuestro tema. También se dice que mientras Mestizo retrataba a su modelo, alguien recitaba poesía a su lado.

JULIANA: (*En voz baja*) ¿Qué expresión tendría yo si me hubiera pintado Mestizo? Creo que la mía habría sido con una risa permanente. (*Alberto y Cristina sonríen*) Aunque si me hubiera retratado haciendo pucheros, los que observaran el cuadro se reirían de mí (*los tres ríen a carcajadas*).

Escena 2

Escenario *Después de finalizar el recorrido, Juliana y sus padres se sientan en las escaleras de la entrada del museo.*

NARRADOR: Sentada en las escaleras junto a sus padres, Juliana reconoce que la visita al museo estuvo aburrida, hasta cuando descubrió el cuadro de la Damita del Enigma. Después logró divertirse y aumentó su interés por la pintura.

JULIANA: Mamá, papá, muchas gracias por traerme hoy al museo. (*Bostezando*) Aprendí muchas cosas y no puedo dejar de pensar en el señor deforme, en la jirafa sin manchas y, por supuesto, en la mirada de mi amiga del enigma. (*Más bostezos*) Me gustaría saber por qué luce tan misteriosa. ¡Uf, qué cansada estoy!

CRISTINA: ¿Ves que el museo era más emocionante de lo que habías pensado? Ahora te veo más interesada en la pintura, comprobaste que un cuadro puede suscitar emociones que te motivan a seguir pintando. Tú puedes llegar a ser una pintora muy famosa. (*Voltea a ver a Juliana y se dirige a Alberto*) Juliana no ha escuchado nada de lo que le dije, se quedó dormida.

NARRADOR: Juliana se queda dormida y la Damita del Enigma aparece en sus sueños.

LA DAMITA: Hola, Juliana. Veo que eres bastante curiosa e inteligente porque descubriste que tengo un misterio. Me encanta, así era yo cuando era pequeña.

JULIANA: (*Haciendo una reverencia*) Gracias, señorita. Por favor cuéntame tus travesuras, he esperado por este momento todo el día.

LA DAMITA: Te lo voy a confesar. Creo que ya has escuchado muchas teorías sobre la expresión de mi rostro: que, tal vez, estaba escuchando una poesía que me hacía reflexionar, que estoy atrapada en el cuadro, en fin... *(Acercándose al oído de Juliana)* Lo que más me gusta es despistar a los estudiosos. Por ejemplo, cuando llega uno yo cierro un poco los ojos para que parezcan misteriosos y... ¡zas!, él saca una teoría. Cuando llega otro, borro completamente mi expresión y él saca otra teoría que contradice la del anterior *(carcajadas)*. Llevo tantos años colgada de esa pared, que hacer eso me divierte. ¡Si pudieras ver la cara que ponen los estudiosos cuando se dan cuenta de que no pueden sacar una teoría definitiva!

(Juliana y la Damita del Enigma se ríen a carcajadas, tanto que salen lágrimas de sus ojos).

NARRADOR: Desde ese día, Juliana visita con frecuencia el museo. Cada vez que observa a la Damita del Enigma, la niña le sonríe y le promete que mantendrá en secreto su confidencia.

Respuesta a la lectura

Resume

Usa los detalles más importantes de *Un día en el museo* para resumir qué descubre Juliana sobre la mirada de la Damita del Enigma. Puedes usar el organizador gráfico como ayuda.

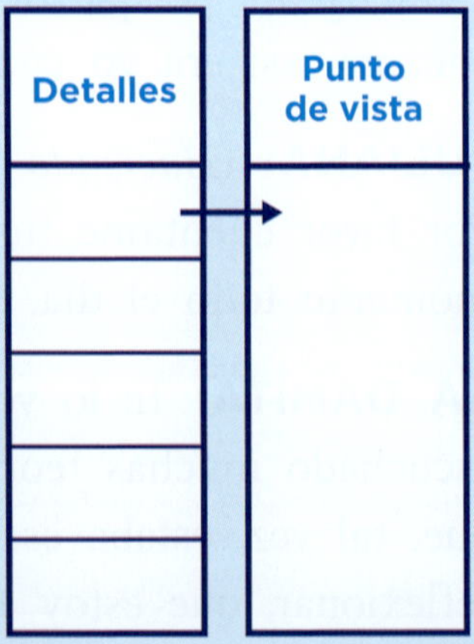

Evidencia en el texto

1. ¿Qué características te indican que *Un día en el museo* es una obra de teatro? **GÉNERO**

2. Hacia el final del acto 1, ¿qué piensa Juliana de la visita al museo? Apoya tu respuesta con citas de la obra. **PUNTO DE VISTA**

3. En la pág. 15, ¿qué significa "el que persevera alcanza"? **ADAGIOS Y PROVERBIOS**

4. En la escena final, el narrador cuenta que después de su primera visita al museo, Juliana regresa con frecuencia. Escribe cómo cambia el punto de vista de Juliana sobre el arte después de visitar el museo por primera vez. **ESCRIBIR SOBRE LA LECTURA**

Género Ficción realista

Compara los textos

Lee sobre un misterio en el que el personaje necesita mirar algo una segunda vez.

El ladrón de ropa

—Oye, Natalia, ¿tienes tú mi camiseta azul? —gritó Tomás—, la dejé en la silla de mi dormitorio y ha desaparecido.

—Primero tu suéter, después tu chaqueta y ahora tu camiseta —dijo Natalia, perpleja—, me gustaría que cuidaras mejor tu ropa.

—Yo no la perdí —se quejó Tomás—, alguien la debió haber robado.

Natalia suspiró y sacudió su cabeza con desconfianza.

—Ningún ladrón entraría aquí a robar tu ropa vieja —dijo—. Y Tomás, por favor, sé cuidadoso con Ringo. Estuvimos de acuerdo en que lo adoptaras, siempre y cuando él viviera afuera, pero hay pelo en todo este dormitorio.

Natalia puso una cesta de ropa en la silla.

—Ah, Tomás —agregó—, por favor cuelga esos pantalones en el tendedero antes de irte, con certeza los necesitarás mañana para ir a la escuela.

Tomás bajó las escaleras pisoteando y frunció el ceño mientras colgaba sus pantalones. No era justo, él no había perdido su ropa y no había permitido que Ringo entrara a su cuarto, aunque quisiera hacerlo.

El comienzo del año escolar de Tomás había sido difícil. Hacía apenas unas semanas él había adoptado a Ringo en un refugio, así que le costó tener que dejarlo solo en casa tan pronto. Para empeorar las cosas, ahora lo acusaban de lo que no había hecho.

Aquella tarde, cuando Tomás regresó a casa, Natalia le dijo que estaba muy preocupada por Ringo.

—Con dificultad sale de su sucia casa en todo el día —dijo—. Aunque debo decir que ahora parece que se ha recuperado.

Tomás recogió una pelota de tenis y la lanzó hacia afuera para jugar con su perro. Después de lanzarla un par de veces, vio varias pinzas de ropa en el suelo y se dio cuenta de que ya no estaban sus pantalones.

—Oye, Natalia, ¿entraste mis pantalones? —gritó.

Natalia miró por la ventana y negó con la cabeza, Tomás no lo podía creer. ¡Ahora se robaban su ropa de las pinzas! Decidió poner una trampa: entró en la casa, cogió su camisa favorita y la colgó en el tendedero.

—Vamos, Ringo —dijo—, hagamos un trabajo detectivesco y le enseñamos al ladrón que el crimen no paga. Tomás y Ringo se escondieron en el cobertizo por más de una hora, pero nadie sospechoso entró al patio y su camisa favorita se mantuvo exactamente donde la había dejado.

—Quizás el ladrón notó la trampa —murmuró Tomás.

—¡Ajá! —exclamó Natalia, al entrar al cobertizo—. Me preguntaba dónde se habían metido, por favor limpia la perrera de Ringo esta tarde. Él es aún más desordenado que tú, si es que eso es posible.

Tomás estuvo de acuerdo sin quejarse, porque para él era muy importante cuidar bien a Ringo. Además, la tarea le permitiría continuar vigilando el tendedero y, con suerte, atraparía al esquivo ladrón.

Recogió los elementos necesarios para la limpieza y levantó el techo de la perrera, pero luego se detuvo y gritó con asombro. Allí, metida en una esquina, estaba toda su ropa extraviada: su suéter, su chaqueta, su camiseta y sus pantalones; todas las prendas estaban cubiertas con pelo de perro.

Natalia lo vio sacando la ropa de la perrera.

—Ringo la debió coger porque huele a ti —dijo con una risita—. Es obvio que Ringo quería algo para recordarte mientras estabas en la escuela, ahora sabemos lo que andaba mal con él. ¡Te extrañaba!

Tomás sonrió y le dio a Ringo un gran abrazo. —Yo también te extrañaba, ¡gran y peludo ladrón de ropa! —dijo.

Haz conexiones

¿Cómo la sugerencia de Natalia le ayuda a Tomás a resolver el problema de la ropa extraviada? **PREGUNTA ESENCIAL**

¿Cómo Juliana en *Un día en el museo* y Tomás en *El ladrón de ropa* descubren la verdad? **EL TEXTO Y OTROS TEXTOS**

Enfoque:

Elementos literarios

Prefiguración Los cuentos y las obras de teatro que incluyen un misterio, con frecuencia construyen el suspenso dándole a sus lectores indicios o pistas de lo que va a ocurrir más adelante. Esto se llama prefiguración. Como una sombra que puede verse en el suelo en frente, cuando el sol está detrás, las pistas de un cuento se pueden ver antes de que se revele el desenlace.

Lee y descubre En la página 2, el narrador nos da un indicio de lo que va a ocurrir al final de la obra de teatro, es decir, usa la prefiguración: "Ella aún no lo sabe, pero descubrirá detalles fascinantes de una pintura de una damita de mirada perspicaz".

Tu turno

Escribe otra escena de la obra de teatro *Un día en el museo* que incluya una prefiguración adicional de lo que sucederá en el final. Después, coméntala con tus compañeros y tus compañeras.